AF267761

LE BILAN

DE LA

RÉPUBLIQUE

AVIS AUX HABITANTS DES CAMPAGNES

PAR

AURÉLIEN MARIOTTE

Royaliste

2ᵉ ÉDITION

PRIX : 15 CENTIMES

BESANÇON

CHEZ TURBERGUE, LIBRAIRE-ÉDITEUR

33, RUE SAINT-VINCENT, 33

1872

Habitants des campagnes, ce ne sont
pas des discours que je viens vous faire ;
le temps n'est pas aux longs discours

La France est malade, bien mal. 'e ;
des gens qui se disent *républicains* et qui
sont les membres d'une vaste société se-
crète, l'*Internationale*, dont le but est de
dépouiller de ce qu'ils possèdent tous ceux
qui ont quelque chose, cherchent à vous
imposer par la ruse, la violence, la per-
fidie et le mensonge, *la République,* forme
de gouvernement qui leur permettrait
d'arriver à leurs fins.

A côté d'eux, une poignée d'hommes
qui s'intitulent les *républicains honnétes,*
et qui seraient bientôt maîtrisés par les

rouges, vous parlent d'une République honnête qu'ils ont rêvée dans leurs cabinets et dans les livres de Jean-Jacques Rousseau, comme si une République honnête était possible en France, avec toute la canaille qui se dit républicaine, et qui n'attend que le moment de vous rapporter la Commune.

Or un seul homme peut sauver les gens d'ordre et briser l'Internationale, en groupant toutes les forces conservatrices autour d'un principe de religion, d'ordre réel, de discipline et de respect.

Cet homme, c'est *Henri V*, c'est *le Roi*, — et, nous n'en doutons pas, le comte de Paris, le petit-fils de Louis-Philippe, l'a parfaitement compris; il a fait sa soumission au Chef de sa Maison et n'entend monter sur le trône qu'après Henri V, dont il est le successeur légitime.

Ainsi la question est bien posée : la France doit choisir entre *Henri V* et *la République...*

Eh bien! que font les républicains de tous les bords? D'un côté ils déversent la calomnie sur Henri V; ils vous parlent de dîmes, de corvées, de droits du seigneur.

D'un autre côté, ils vous font l'éloge de la République; ils vous disent que c'est le gouvernement le moins cher, le plus moral, le plus libre, le plus fraternel.

Il est grand temps de rendre à chacun selon ses œuvres et de vous montrer ce qu'est réellement *la République*, non pas la République telle que la rêvent certains illuminés qui se croient le *bon Dieu*, ou que vous la dépeignent certains imposteurs, qui savent parfaitement à quoi s'en tenir sur la valeur de leurs mensonges; mais la République telle qu'elle a été, telle qu'elle est et telle qu'elle sera, si on l'établit chez nous.

Pour cela, je vous le répète, je n'emploierai pas de longs discours; je prendrai le *Moniteur* depuis 1789 jusqu'à nos jours; je vous citerai des faits que personne ne peut contester et quand vous aurez lu ce que je vais vous dévoiler, vous verrez quel cas il faut faire de tous ces mensonges prémédités que l'on accumule à plaisir pour mieux vous dévorer ensuite.

Je commence.

La République est-elle le gouvernement qui coûte le moins cher ? est-elle le gouvernement qui assure le mieux la prospérité publique ?

I.

On vous a dit, habitants des campagnes, et peut-être l'avez-vous répété vous-mêmes, que la République était la forme de gouvernement qui pouvait le mieux assurer la prospérité de la France.

Eh bien ! voyons ce qu'ont fait pour le bonheur de la France les divers gouvernements révolutionnaires que nous avons eus en 1790, en 1830, en 1848, en 1870.

Un républicain de la première République, du nom de Cambon, disait : *Nous ne serons républicains que lorsque nous serons tous ruinés, et il faut que les choses arrivent au point qu'une portion de son coûte trois cents livres.*

Vous voyez qu'il avait de bonnes idées, le brave homme, et qu'il n'y allait pas de main morte. Et pour vous montrer que ces idées-là n'étaient pas seulement les siennes, mais étaient encore celles de tous *les frères et amis,* qui n'avaient qu'une intention, celle, non pas de se ruiner, mais de vous ruiner et de remplir leurs poches aux dépens de tous ceux qui possèdent quelque fortune ; écoutez un peu :

Dès l'année 1790 on mutile ou l'on détruit *cinquante mille* églises ou chapelles, entre autres les magnifiques cathédrales d'Arras, de Cambrai, de Cîteaux.

Douze mille abbayes, couvents, prieurés, monastères sont enveloppés dans ce désastre.

Vingt mille châteaux sont pillés, brûlés, rasés jusqu'au sol.

Plus de *quatre-vingt mille* bibliothèques sont saccagées ou vendues à vil prix aux épiciers.

Les statues, les peintures, les vitraux antiques, les manuscrits rares qui faisaient la gloire de la France, tout y passe. C'était au point qu'on lavait les tableaux des grands maîtres pour en enlever la peinture et habiller les petits *sans-culottes* avec la toile. (Voy. les *Mémoires de la Révolution*, p. 418.)

Dans une église de Paris, un soldat faisait bouillir sa marmite ayant devant lui, en guise de tablier un tableau qu'il sâlissait et remplissait de graisse. Or savez-vous ce que c'était que ce tableau ? C'était une œuvre du fameux peintre Le Guide, et elle valait tout simplement *trente mille* francs. (Même ouvrage).

Ces imbécilles qui voulaient tout réformer

ne savaient pas même tirer parti de l'argent qu'ils volaient au pays...

Il y avait en France *vingt* Universités, *cent vingt mille* écoles primaires, qui répandaient partout la science et faisaient vivre une foule de monde... *Les républicains,* qui prétendent vouloir l'instruction pour le peuple, les suppriment.

Les provinces avaient des priviléges ; les villes, les bourgs, les villages, des franchises locales : on les leur retire.

En même temps sont détruites les corporations, les jurandes, les maîtrises, protection du pauvre ouvrier ; la propriété est désorganisée ; la famille est frappée au cœur par la suppression presque totale de l'autorité du père.....

Il y avait en France *cinquante* évêchés, *trois cents* chapitres, une foule d'établissements religieux de bienfaisance consacrés à l'instruction des masses ou au soulagement de la misère : les évêchés et les chapitres sont supprimés, les séminaires sont détruits, les religieux sont chassés de leurs colléges et les hospitalières de leurs hôpitaux.....

Et au détriment de qui ? Au détriment du pauvre, dont les *citoyens démocrates* se souciaient bien vraiment.....

II.

Mais ce n'était là que le prélude d'une désorganisation beaucoup plus grande, et ces dévastations odieuses et stupides n'étaient

que l'avant-coureur d'un gaspillage monstrueux de nos finances.

Ah! on vous a dit que la République était
un gouvernement peu coûteux? Peu coûteux en effet; voyez donc :

Le 10 *décembre* 1790, on met en vente pour
quatre cents millions de biens ecclésiastiques.

Le 3 *mars* 1791, on pille les pierres pré-
cieuses et les ornements des églises, chapitres et communautés.

Le 26 *août*, c'est le tour des vases sacrés.

Le 14 *septembre,* on prend les possessions
du Saint-Siége : Avignon et le comtat Ve-
naissin.

Le 16 *août* 1792, on s'empare des immeubles des fabriques;

Le 17, des couvents et de leurs jardins;

Le 18, des biens des séminaires et asso-
ciations de charité.

Le 10 *septembre,* on convertit en monnaie
les vases et ornements sacrés qu'on a volés
aux églises.

Le 12, on confisque les biens de l'ordre de
Malte.

Le 27, on prend les meubles des maisons
religieuses.

Le 25 *brumaire* an II, on confisque tous
les presbytères.

Le 28 *nivôse* même année, on prend aux
fabriques tout le linge des églises.

Le 26 *février* 1793, la Convention plonge
les campagnes dans la misère en réquisitiou-

nant, pour en faire des soldats, tous les Français de dix-huit à quarante ans.

Le 18 mars, elle établit l'impôt progressif : contribution annuelle de *cinq livres* pour chaque Français ; taxe supplémentaire égale au quart de ses contributions totales pour chaque célibataire de plus de trente ans ; impôt de *cinq, dix, quinze livres* sur les cheminées ; impôt de moitié sur les poêles ; impôt de *dix, trente, quatre-vingt-dix livres* sur les domestiques ; impôt de *vingt, quarante, quatre-vingts livres* sur les chevaux de luxe ; impôt de *quarante livres* sur les voitures.

Le 20 mai 1793, arrive un emprunt forcé d'*un milliard.*

Le 19 frimaire an IV, c'en est un autre de *six cents millions.*

Le 26 juillet, on confisque les biens des académies et des sociétés littéraires.

Le 16 juillet, on confisque les biens des Vendéens...

Dès le 19 *mars* était survenue une loi ordonnant la confiscation des biens de *tout accusé* même *non condamné.*

Pendant *huit ans,* la Convention requiert de force, et par toute la France, linge, souliers, blé, fourrage, chevaux, harnais, voitures, journaliers, charretiers, manœuvres, laboureurs. (*Moniteur.*)

N'est-ce pas que la République pouvait bien se vanter, par l'organe des avocats bavards qui siégeaient à la Chambre, d'avoir pour toujours aboli les corvées?

Mais ce n'est pas tout.

Pour compléter le pillage, on requiert les cloches des églises, les grilles en fer, les objets précieux, l'argenterie et la vaisselle des particuliers, *sous peine de mort pour quiconque garderait une seule cuillère ou une assiette.*

On confisque les fortunes; on absorbe les biens du clergé, les biens de la noblesse, les forêts de l'Etat, les biens de la couronne, soit en tout *neuf milliards neuf cent onze millions.*

On porte, parce qu'on est en République, à *douze* et *quinze cents millions* les impôts, qui, sous Louis XVI, n'étaient que de *cinq cents millions.*

On engloutit tous les biens des émigrés, nobles ou non nobles, *cinq milliards* environ.

On crée pour *quarante-cinq milliards cinq cent quatre-vingt-un millions six cent vingt-trois livres* d'assignats. (*Moniteur* du 4 ventôse an IV.)

On pille les pays conquis : dans la seule Belgique, on enlève *vingt-neuf* charriots d'or et d'argent. (*Moniteur* du 12 vendémiaire 1794.)

Et tout cela, *quatre-vingt-seize milliards* au total, est englouti, dévoré *en sept ans*, de telle sorte qu'à son retour d'Egypte Napoléon Bonaparte ne trouve pas *quinze cents francs* dans les caisses publiques pour envoyer un courrier en *Italie*, et que, le 30 septembre 1797, la République fait une banqueroute de *cinquante milliards.*

N'est-ce pas que c'est pour rien?

III.

Et comme les *frères et amis* s'en donnaient à bouche que veux-tu. Comme ils remplissaient leurs poches, ces citoyens incorruptibles!

A Strasbourg, c'était *l'honnête* Saint-Just, qui, *le 30 octobre* 1793, faisait piller à blanc les notaires, banquiers, agents de change; qui frappait la ville d'un emprunt *forcé* de *neuf millions;* qui, *le 24 brumaire*, requérait, dans les 24 heures et soi-disant pour l'armée, 2,000 lits, 16,921 paires de souliers, *tous les manteaux*, 4,767 paires de bas, 6,879 habits et vestes, 863 paires de bottes, 20,518 chemises, 4,524 chapeaux, 523 paires de guêtres, 143 sacs à pain, 29 quintaux de charpie, 21 quintaux de vieux linge, 2,673 draps de lit, 900 couvertures, une immense quantité de vieux cuivre. (*Moniteur.*)

Et vous croyez que tout cela servait à l'Etat!... La plupart de ces objets ont été gaspillés de la manière la plus infâme. (*Voyez les plaintes de la commune de Strasbourg à la Convention après le 9 thermidor.*)

A Bordeaux, c'était Tallien qui écumait la ville.

A Montbrison, c'était Javogue qui pillait pour plus de *deux millions,* et ne remettait à la Convention que 774,496 *livres.*

A Troyes, c'étaient Danton et Rousselin qui levaient une réquisition d'*un million sept cent mille livres* et *toutes les denrées et comestibles.*

En Belgique, en Espagne, en Suisse, en Italie, c'étaient les généraux de la République qui mettaient en réquisition les vases sacrés des églises. (*Moniteur.*)

Tout volait à pleines mains. Léquinio, *un pur,* qui pour toute fortune possédait avant la révolution une dette de *douze mille livres* envers les Etats de Bretagne, envoie *deux tonnes d'écus* en sûreté à l'étranger.

Dupin, *un autre pur,* vole *cent mille livres* en assignats, *mille louis d'or* et *cinq cent mille livres* d'effets. (*Moniteur.*)

Couthon ruine Lyon.

Strasbourg en est pour *douze millions,* Rouen pour *dix,* Marseille pour *dix,* Bordeaux pour *quatre,* Beaugency pour *cinq cent mille livres.*

Et de tout cela que revient-il au Trésor ? *Pas un centime...*

A Paris, c'est Hébert du *Père Duchêne* qui vole *cent quatre-vingt-trois mille livres.* Cet ancien donneur de contre-marques à la porte d'un petit théâtre se faisait allouer comme traitement la bagatelle de *cent vingt mille francs* par an. (Gobel, évêque schismatique assermenté de Paris, touchait *soixante quinze mille livres.*)

A Nantes, c'est Carrier qui se fait donner par ses prisonniers jusqu'à *cinquante mille livres* par tête.

Sur *huit cent millions* de vases sacrés et d'ornements que l'on pille dans les églises de France, il n'en revient pas *deux cents* au Trésor public.

Aussi la Convention, pour faire face à ses tristes affaires, pillait-elle en grand de plus en plus, comme ses proconsuls pillaient en petit.

Le 13 août 1793, on décrète que toutes les maisons ou seraient conservées des armoiries seront confisquées au profit de la République.

On décrète la spoliation des meubles et des immeubles des nobles...

Et tout cela, je le répète, pour aboutir à une affreuse banqueroute.

Ah! oui sans doute, habitants des campagnes, la République est le gouvernement qui assure le mieux la prospérité publique; c'est le gouvernement le moins coûteux.

Depuis 1789 la République n'a-t-elle pas changé beaucoup d'abbayes, d'églises, de couvents, de châteaux en magasins, en manufactures, en fabriques? Et pourtant voyez comme le commerce est déchu de son ancienne splendeur. La Révolution, pour l'encourager, a légalisé l'usure, et cependant, au lieu de ces vieilles et solides maisons de commerce, inébranlables sur le roc de principes et d'honnêteté sur lequel elles étaient bâties, vous n'entendez parler que de faillites, que de commerçants ruinés, que de villes dans l'embarras.

C'est que, si la première République annonçait le bonheur, sous son empire on n'a vu que ruines, que désordres, qu'effusion de larmes et de sang. Sous son règne, la liberté égorge, la fraternité empoisonne, l'égalité traîne dans la boue, la morale honore les prostituées. (*Révolution française* de Gaume.)

IV.

Et ce que je dis de la première République, je le dis de celles de 1830, de 1848, de 1870-1871.

En 1830, n'a-t-on pas saccagé l'archevêché de Paris ? N'a-t-on pas violé Notre-Dame ? N'a-t-on pas traîné les ornements sacrés sur les boulevards dans une procession dérisoire ? L'église de Blois n'a-t-elle pas été ravagée ? Les couvents du Saint-Esprit, de Saint-Lazare, du Mont-Valérien n'ont-ils pas été dévastés ? Les séminaires de Metz, de Perpignan, de Verdun, de Nancy, de Pont-à-Mousson, etc., etc., n'ont-ils pas été mis à sac ?

N'est-ce pas toujours la même œuvre de dévastation ? Ne sont-ce pas toujours les mêmes ruines ?

Et pour l'impôt ?... Avez-vous oublié les *quarante-cinq centimes* de 1848, les propositions d'impôt progressif, les demandes de suppression du budget du clergé pour couvrir les gaspillages républicains, les faits et gestes des commissaires à pouvoirs illimités ?

N'est-il pas connu que 1830 et 1848 nous coûtent la bagatelle de *trente milliards ?*

N'est-il pas connu que, malgré l'amortissement opéré pendant la Restauration, notre budget n'a fait que s'accroître depuis la réapparition des idées révolutionnaires ; que, fixé à 1 *milliard* 15 *millions* sous le gouvernement des Bourbons, il s'est élevé sous Louis-Philippe à 1 *milliard* 446 *millions ?* sous la République de 1848, à 1 *milliard* 572 *millions,* sous l'empire de Napoléon III, à plus de 2 *milliards,* et qu'il atteint enfin, sous la République provisoire actuelle, le chiffre fabuleux de *trois milliards ?*

Gare à la République définitive, si elle arrive !

Oh ! oui, la République est un gourvernement peu coûteux !

On sait par le discours de M. Thiers que si la paix avec la Prusse eût été conclue après la capitulation de Metz, la France, tant par la réduction qu'elle aurait obtenue sur le chiffre actuel de la contribution de guerre que par les économies qu'elle aurait faites sur ses propres frais, aurait à son avoir *plusieurs milliards* qu'elle n'a plus.

Mais le *fou furieux* Gambetta se souvenait de la parole de Cambon, son *frère et ami* de la première République : *Nous ne serons républicains que lorsque nous serons ruinés...*

On sait déjà, et l'enquête de la Chambre éclaircira bien des choses, quels affreux gaspillages des deniers publics ont été faits par toute la France depuis le 4 septembre.

Mais ce que l'on sait moins, c'est ceci :

La Commune de Paris, du 20 mars au 30 avril 1871, vole au Trésor public dans ses caisses. . . . . 4,658,112 f. 21

Elle se fait livrer par la Banque. . . . . 7,750,000 »

Elle vole à l'Archevêché, chez les frères Dosmont, etc. 8,928 20

Elle extorque au chemin de fer du Nord. . . . . 303,000 »

Elle perçoit indûment. 13,293,876 29

Total, en quarante jours : *vingt-six millions treize mille neuf cent seize francs soixante-dix centimes.*

Ces millions sont dispersés, pillés, répartis de la manière la plus fantastique.

Puis viennent le pillage des vases sacrés, les perquisitions chez les gens riches, le pillage de la maison de M. Thiers, les escroqueries du directeur des postes de la Commune, qui empoche affranchissements sur affranchissements pour des lettres qui ne partent jamais et qui ne peuvent pas partir.

Et certes, indépendamment des voleries

de tout genre, il fallait bien pressurer Paris pour payer les nuées de brigands, de paresseux, d'ivrognes et de garibaldiens qui composaient les bandes des soi-disant défenseurs de la capitale.

Il y avait dans les troupes de la Commune 162,651 hommes touchant 1 fr. 50 c. par jour, soit. . . . . . 243,976 f. 50

Chaque femme ou chaque maîtresse recevait 75 centimes, et chaque enfant ou bâtard 25 centimes. Or, mettons moitié des gardes avec un enfant. 81,325 50

Il y avait 6,507 officiers à 5 francs par jour en moyenne. 32,535 »

Dans les hôpitaux était une moyenne de 3,000 malades, à 50 centimes. . . . . . . 1,500 »

Enfin les états-majors coûtaient au petit pied par jour. . 2,500 »

C'était donc par jour un total de *trois cent soixante un mille huit cent trente-sept francs...*

Et les chevaux, qui coûtaient au moins dix mille francs par jour!

Et les hautes payes aux artilleurs toujours ivres!

Et les fortes payes de 3 fr. 75 c. données aux barricadiers!

Et les indemnités accordées à ceux qui brûlaient les maisons avec du pétrole!

Et les décrets qui concédaient jusqu'à

douze cents francs, s'il vous plaît, à un fédéré blessé !

Et les incendies des Tuileries, du Palais-Royal, de l'Hôtel-de-Ville, du palais de la Légion-d'honneur, du ministère des Finances, du Grenier d'abondance, du théâtre de la porte Saint-Martin, etc., d'une foule de maisons particulières, etc., etc.

Et les nuées de billets de banque que l'on trouve sur tous les frères et amis que l'on arrête !!!

C'est la bagatelle d'*un milliard* ajoutée à notre dette nationale.

Vous voyez que les communards de 1871 étaient d'estimables personnages, qui valaient parfaitement leurs ancêtres de 1793, et qui vous auraient fait, pauvres ruraux, passer un fort vilain quart-d'heure s'ils avaient pu mettre la griffe sur vos champs, vos prés et vos vignes.

Faites donc en sorte de ne pas être leurs dupes, croyez-moi ; et quand ils viennent vous répéter sur tous les tons que la République est le gouvernement qui coûte le moins et qui assure le mieux le commerce et la prospérité publique, songez un peu aux chiffres que je viens de vous rappeler et aux divers essais de la République en France, qui ont toujours fait tomber le commerce et les affaires.

Ils vous diront qu'un président coûtera moins cher qu'un roi : *Va-t-en voir s'ils viennent, Jean,* comme dit la chanson...

Sans doute, si vous vous amusez à prendre des aventuriers, des Napoléon III ou IV, des anciens carbonari, des républicains déguisés, sans sou ni maille, qui n'ont d'autre intention que de gonfler leurs boursicots à vos dépens, et que vous en fassiez des rois ou des empereurs, vous serez volés. Mais, pour ma part, j'aime beaucoup mieux un honnête homme comme *Henri V*, qui ne volera pas, parce qu'il est bon chrétien, qui ne pillera pas, parce qu'il n'a point de fortune à faire, vu que la sienne est toute faite, qu'un tas de grippe-sous de présidents de République définitive, qui n'auront qu'un but, remplir leurs poches, et qu'une maxime :

Ote-toi de là que je m'y mette.

On vous dit qu'*Henri V* veut rétablir la corvée et la dîme, qu'il amènera le règne des curés.

Mais, mes bons amis, on vous prend pour des imbécilles, et on cherche à vous égarer pour mieux vous détrousser... Le règne des curés ! Et en quoi, sur quoi voulez-vous qu'ils règnent, les pauvres et chers braves gens, qui ne songent qu'à baptiser vos enfants et à vous assister dans tous vos maux ?

Les curés tiennent pour Henri V, parce qu'Henri V, qui est bon chrétien, protégera ce que, par devoir, ils ont de plus cher au cœur, la religion, que les républicains ont toujours persécutée ; parce qu'Henri V défendra leurs personnes, tandis que les républicains les assassinent ; parce qu'Henri V ne leur retirera pas le petit budget qui les fait vivre, tandis que les républicains, après leur avoir indignement volé leurs biens en 1790, les feraient mourir de misère.

Mais est-ce qu'Henri V les fera maires, adjoints, conseillers municipaux ? Est-ce que tout cela ne sera pas toujours nommé par vous seuls ?

Vous verrez que bientôt MM. les républicains vont vous faire accroire que ce sont les curés qui font les barricades, qui brûlent les maisons avec du pétrole, qui massacrent *les honnêtes gens de l'Internationale* et qui aspirent à vous voler vos biens !...

La dîme et la corvée ! Allons donc ! Quel profit aurait Henri V à les rétablir ? La dîme et la corvée, remplacées au centuple par les taxes et prestations de tout genre dont MM. les révolutionnaires vous écrasent depuis 1789, étaient des impôts établis, dans un temps qui n'est plus le nôtre, par les nobles et les seigneurs, et dont le roi ne tirait pas un centime.

Mais est-ce qu'il y a des seigneurs aujourd'hui ? Est-ce que les nobles d'aujourd'hui ce n'est pas vous, vous tous qui avez un champ, un pré, un enclos ? Est-ce que les républicains crient de nos jours : *A bas les nobles !* Non, ils crient : *A bas les ruraux !* et c'est vous qu'ils veulent *manger.*

N'écoutez donc pas ces bavards, qui craignent comme la peste de voir remonter sur le trône de ses pères l'honnête Henri V, avec le comte de Paris pour son successeur, parce que cela fermerait la porte à toutes les ambitions de ceux d'entre eux qui aspirent à la présidence de la République pour mieux piller la caisse, et parce qu'ils savent qu'Henri V est un brave homme, droit, ferme et franc, capable d'entraver leurs projets communards.

Ils voudraient, parce qu'ils voient que la République n'a guère de chances de s'établir, que l'on eût plutôt sur le trône le comte de Paris qu'Henri V, sans proclamer l'hérédité dans la maison de France, et voici pourquoi.

C'est qu'ils auraient toujours l'espérance, à la mort du comte de Paris, ou même dans deux, trois, quatre ans, en *tripotant* les élections et en nommant de mauvais députés, de renverser ce prince et de se mettre à sa place. Tandis que si Henri V monte sur le trône et que la nation française proclame de nouveau l'hérédité dans sa famille, ces messieurs n'ont pas grand espoir de faire une nouvelle révolution ; ils s'agitent moins et laissent le pays tranquille.

Quand Henri V meurt, le comte de Paris lui succède naturellement ; après le comte de Paris, ce sont ses enfants ; après ses enfants, ce sont ses petits-enfants. Et tous ces beaux philanthropes qui sont toujours aux aguets pour dire :

Ote-toi de là que je m'y mette,

ne peuvent plus venir faire du tapage tous les trois ou quatre ans pour arriver à la présidence et pour nous dévorer, comme sous la première République, *quatre-vingt-seize milliards en sept ans.*

Soyez donc sûrs, habitants des campagnes, que si Henri V monte sur le trône, et il y montera, car le salut de la France est à ce prix, il sera un roi régnant pour vous tous, ouvriers et laboureurs, qui êtes honnêtes. Soyez sûrs qu'il n'aura, comme Louis XVIII, qu'un souci, diminuer vos impôts, qu'une sollicitude, vous protéger contre les socialistes et les communards, qui, en vous chantant la liberté et la fraternité, vous ont toujours écrasés de taxes, et cherchent, sous prétexte de République, à vous prendre vos champs et peut-être vos têtes.

La République est-elle le gouvernement de la fraternité?

I.

Qu'y a-t-il en effet de plus fraternel et de plus charitable que les procédés qui suivent:

En 1789, les républicains assassinent M. de Launay, gouverneur de la Bastille, après lui avoir arraché les cheveux; M. de Montesson est fusillé au Mans; son beau-père est égorgé. En Languedoc, M. de Barras est coupé en morceaux devant sa femme prête d'accoucher. En Normandie, un seigneur paralytique est abandonné sur un bûcher d'où on le retire les mains brûlées. En Franche-Comté, Mmes de Batteville, de Listenay, de Tonnerre, M. Lallement sont torturés; le chevalier d'Ambly, traîné sur un fumier, a les cheveux et les sourcils arrachés; M. d'Ormesson, M. et Mme de Montessu sont, après une torture de trois heures, jetés dans un étang.

Le 14 février 1793, la République met au prix de cent livres la tête de chaque prêtre non assermenté. Au mois de septembre de la même année, on massacre plus de *deux cents* prêtres aux prisons des Carmes, de la Force, de Sainte-Pélagie, de la Conciergerie, de Saint-Firmin, de l'Abbaye, du grand Châtelet, du cloître des Bernardins.

Le 21 janvier 1793, Louis XVI, le meilleur

des rois, était monté sur l'échafaud. Marie-Antoinette et Mme Elisabeth l'y suivaient un peu plus tard ; et l'on sait quel fut le sort de cette pauvre victime qui porta nom Louis XVII.

Dans le département de l'Oise, les sans-culottes de Vaugirard s'emparent de cent prêtres.

Le 20 janvier 1794, la Convention condamne à mort tous les rois de la terre. Jean Debry propose l'organisation d'un corps de douze cents assassins chargés de les poignarder, et l'Assemblée prend en considération cette demande.

En Vendée, *vingt* villes, *dix-huit cents* villages sont ruinés et réduits en cendres.

A Paris, aux journées de septembre, Fouquier-Tinville fait massacrer sans procès 1,089 prisonniers. De 1793 au 27 juillet 1794, il fait périr régulièrement 50 à 70 personnes par jour.

Hentz et Francastel en font mourir 2,700. (*Moniteur.*)

En quinze jours, Maignet fait tomber *mille* têtes à Orange.

Digne successeur de Diderot, qui demandait *à étrangler le dernier des rois avec le boyau du dernier des prêtres*, Carrier, à Nantes, fait noyer, le 15 septembre 1793, 94 prêtres dans un bateau à soupape. Peu après c'est le tour de 58 autres, puis celui de 3,000 petits enfants. Pendant plus d'un mois, il massacre toutes les nuits des centaines de prisonniers de tout genre... Ayant gagné une maladie vénérienne par suite de ses débauches, il fait noyer pour se venger une centaine de filles publiques. *Quinze mille* personnes périssent dans ses prisons par suite de la faim, du froid, des mauvais traitements, ou en sont extraites pour la noyade. Chaque jour, dans les carrières de Gigan, il fait fusiller *cinq cents* victimes.

A Lyon, Collot d'Herbois fait mourir *seize cents* personnes par le fusil, la guillotine et le canon.

A Avignon, Jourdan fait assommer à coups de barres de fer *soixante* personnes, dont *treize* femmes. Les horreurs qu'il commet dans le Comtat sont inouïes et lui valent le surnom de *Jourdan Coupe-tête*.

A Arras, Lebon se rendit coupable de choses monstrueuses ; après avoir violé de malheureuses jeunes filles, il les envoyait à l'échafaud.

A Strasbourg, Schneider, accusateur public, entre un jour dans une commune où il demande *cinq têtes*. Bien que le bourgmestre proteste qu'il n'y a pas de coupables, il fait exécuter cinq personnes... Passant au village d'Essrg, il est invité à dîner par le juge de paix Kuhn ; il accepte, et, pour se divertir, fait guillotiner son hôte au dessert. Il voit passer un vieux militaire avec une jambe de bois : *Guillotinez-moi cet homme,* dit-il, *il ne peut plus servir la République.*

En somme, on peut fixer ainsi le nombre

des victimes de la Terreur, en n'y compre-
nant pas les massacres de septembre à Paris, de Toulon, de Marseille et de Versailles :

Nobles guillotinés,	1,278
Femmes nobles (id.)	750
Femmes de laboureurs et d'ouvriers,	1,467
Religieuses (id.)	350
Prètres (id.)	1,135
Ouvriers et laboureurs (id.)	13,623
Femmes enceint. mortes de frayeur,	3,748
Femmes vendéennes tuées,	15,000
Enfants vendéens (id.)	22,000
Vendéens (id.)	900,000
Victimes de Carrier à Nantes,	32,000
Victimes de Lyon,	31,000

Total : *un million vingt-deux mille trois
cent soixante-un.*

Et pour couronner leur œuvre diabolique,
ces monstres se faisaient faire des culottes
de peau d'homme. A la fète de l'Etre su-
prème plusieurs députés avaient des culottes
de peau humaine (*Journal de Prudhomme*);
des généraux républicains en portèrent en
Vendée. (*Moniteur.*) Il y avait à Meudon, à
Etampes, au Pont-de-Cé des tanneries de
peaux humaines ; on en reliait des livres.

Quoi d'étonnant, du reste, quand on voit
transformer en bal public, sous le nom de
bal Zéphire, le cimetière Saint-Sulpice, dont
les tombes n'étaient même pas enlevées, et
quand on entend décréter (le 1er août 1793)
que tous les tombeaux et mausolées de Saint-

Denis et autres lieux seront détruits dans les dix jours dans toute l'étendue de la République.

En 1793, les Jacobins de Saint-Denis traînent à la Convention la tête et les ossements de saint Denis, lui demandant de les débarrasser de cette *relique puante*.

Plus tard, c'est le Directoire qui fait traîner, à l'âge de quatre-vingts ans, le pape Pie VI de prison en prison et le fait jeter dans la citadelle de Valence, où il meurt le 29 août 1799...

II.

Mais ce qu'il y a de plus fort, c'est que ces excellents *frères et amis,* faisant mentir le proverbe, que *les loups ne se mangent pas entre eux,* se dévoraient parfaitement les uns les autres... Voyez un peu le sort des républicains de la première République.

Décrété d'accusation et mis hors la loi le 3 octobre 1793, Condorcet s'empoisonne.

Le conventionnel Pétion, proscrit avec les Girondins, se suicide pour échapper au bourreau.

Déporté à la Guyane, Collot d'Herbois s'administre une bouteille entière de rhum, et en meurt le 8 janvier 1796.

En 1794, Roux, prêtre apostat, officier municipal à Paris, se poignarde pour échapper au supplice.

Le conventionnel Rovère meurt à Cayenne en 1798.

Puis sont guillotinés les évêques assermentés :

Gouttes, 26 mars 1794. — Gobel, en avril
1794.—Expilly, 21 juin 1794.— Roux, 27 avril
1795.

Les conventionnels :

Brissot, 21 octobre 1793.

Jean Cara, Ducos, Lacaze, Amar, Duchâtel,
30 octobre 1793.

Fauchet, Deperret, Jean Duprat, Ver-
gniaud, Gensonné, Boyer-Fonfrède, Sillery,
Lasource, Antiboul, Lesterpt-Beauvais, Boi-
leau, Lehardy, Dufriche-Valazé, 31 oct. 1793.

Barbaroux, 7 messidor an II.

Hugues, 6 octobre 1796.

Chabot, Danton, Fabre d'Eglantine, Bazire,
Desazy, Phélipeaux, Camille Desmoulins,
Gorsas, 5 avril 1794.

Bourbotte, Duroy, 15 et 16 juin 1795.

Guadet, Osselin, 23 et 27 juin 1794.

Saint-Just, Couthon, Robespierre aîné,
Robespierre jeune, 28 juillet 1794.

Lacroix, 8 avril 1794.

Coustard, Philippe-Egalité, 7 nov. 1793.

Grangeneuve, 20 décembre 1793.

Rabaud Saint-Etienne, Rabaut-Pommier,
15 et 16 décembre 1793.

Manuel, Cussy, 14 et 15 novembre 1793.

Delaunay, en l'an II.

Soubrany, en 1795.

Biroteau, 14 octobre 1793.

Sallès, 19 juin 1794.

Anacharsis Clootz, 24 mars 1794.

Carrier, proconsul de Nantes, 16 septembre 1794.

Chaumette, procureur de la Commune, 13 avril 1794.

G. Schneider, accusateur public à Strasbourg, 1er avril 1794.

Hébert, substitut du procureur de la Commune, dès 1792.

Bailly, maire de Paris, 12 novembre 1793.

Fouquier-Tinville, accusateur public à Paris, en 1794.

Hérault de Seychelles, proconsul du Haut-Rhin, 5 avril 1794.

Jourdan, le tyran d'Avignon, 17 mai 1794.

Mme Roland, femme du ministre républicain, 9 novembre 1793.

Joseph Lebon, proconsul d'Arras, 9 octobre 1795.

Puis ce sont les conventionnels Javogue et Cusset, qui sont fusillés les 9 et 10 octobre 1796; puis ce sont les généraux Custine, Houchard, Brunet, Biron, Beauharnais, Lamarlière, Chancel, qui périssent sur l'échafaud, etc., etc.

Et tout cela se passe sous le couvert de la fameuse devise : *Liberté, égalité, fraternité !!!*... C'est bien le cas d'ajouter : *ou la mort !*

III.

Liberté, égalité, fraternité !!!

Mais voyez donc les républicains de 1830

massacrer la troupe fidèle à son devoir et les malheureux gardes suisses, martyrs de la consigne et du dévouement ! Voyez les donc en 1848 assassiner Mgr Affre, ce messager angélique de paix et de concorde; voyez-les assassiner le général Bréa et son aide-de-camp, assassiner, aux tristes journées de juin, les soldats fidèles et les gardes mobiles, défenseurs de l'ordre et de la société !

Ne sont-ce pas toujours les mèmes citoyens remplis de fraternité et de mansuétude ?... Ne sont-ce pas ces gredins infâmes qui ont lâchement assassiné, en 1871, Mgr Darboy, l'abbé Deguerry, M. Bonjean et tant d'autres ? Ne sont-ce pas eux qui ont ordonné, le 22 mars, les fusillades de la place Vendôme, sur des gens inoffensifs et sans armes, et qui ont tué ou blessé MM. Henry de Pène, Otto Hottinguer, Gaston Jollivet, Bellanger, Dehersin, Barle, Miet, Valin, François, Baude, de Molinet, Tiby, Tinnel, Colin, Lemel, Niel, Charron, Sassary, Vinganot, Train, Brière, etc., etc.? Ne sont-ce pas eux qui nous ont tué *huit cent soixante-dix-sept* officiers et soldats, qui nous en ont blessé *six mille quatre cent cinquante-quatre ?* (Rapport offic. du M^al Mac-Mahon.)

Pauvres gens, qui comptaient prendre dans leurs foyers le juste repos auquel leur donnaient droit les dures épreuves de la captivité prussienne, et qui trouvaient la mort dans leur propre patrie, en luttant contre des brigands déchaînés !...

Ne sont-ce pas eux, les misérables lâches, qui ont assassiné de nobles cœurs, les généraux Lecomte et Clément Thomas ?... Ne sont-ce pas eux, toujours eux, ces héros de la fraternité, qui, sur la place du Carrousel, ont, pour se divertir, tiré sur onze passants tranquilles, parmi lesquelles fut mortellement atteint un jeune homme à la fleur de l'âge, M. Trémelot ?... Ne sont-ce pas eux qui ont, comme en 1793, recommencé à se dévorer entre eux ? — C'est le Comité, qui emprisonne Lullier et Lebeau; c'est Cluseret, qui emprisonne Bergeret ; c'est Chaudey, républicain modéré, que la Commune assassine ; c'est Cluseret, qui, à son tour, est incarcéré ; c'est Rossel, qui fait arrêter Mégy, qui fait arrêter Piazza, chef de la 14e légion, qui fait arrêter Boursier, commandant de la 1re ; c'est le comité de salut public, qui fait arrêter Rossel ; c'est encore lui qui fait arrêter le citoyen Jules Allix, le modéré Glais-Bizoin ; c'est Ferré, qui emprisonne le colonel Masson, etc., etc.

Vous voyez que les républicains sont des gens qui s'accordent de la manière la plus parfaite, et qu'ils ont bien raison de s'intituler les apôtres de la fraternité.

Méfiez-vous donc, chers ruraux ; encore une fois, méfiez-vous. Quand cette poignée de gens qui s'intitulent les *républicains honnêtes* viendront vous dire :

Mais c'est une République honnête que nous voulons, une République d'honnêtes gens ! — Répondez-leur hardiment : Camarades, vous êtes peut-être honnêtes et de bonne foi ; c'est possible, bien que nous n'ayions pas lieu d'être satisfaits de votre attitude équivoque pendant le règne de la Commune. Mais dans votre République, où tout le monde est maître, ce sont les plus nombreux et les plus entreprenants qui font la loi. Or, parmi les républicains les plus nombreux, les plus ardents, les plus acharnés, ce sont les *rouges*, les communards, qui ont tout simplement pour but de nous voler ce que nous possédons. Si donc nous acclamions la République, ces messieurs, qui sont les plus forts parmi vous, auraient beau jeu ; ils nous serviraient de suite une nouvelle édition de la Commune ; ils nous fusilleraient, ils nous guillotineraient, et vous, qui vous dites républicains honnêtes, ils vous traiteraient comme les Girondins et comme ils ont traité Chaudey.

Merci donc de l'expérience ; faites sur le papier de jolis plans de République ; rêvez *l'homme parfait*, *l'abolition de la peine de mort*, le règne du *peuple souverain*, dont les *sujets* seront probablement alors les chevaux et les chiens ; cela nous importe fort peu. Mais nous, nous voulons l'ordre, nous voulons la prospérité du commerce, la grandeur de la France, et nous savons que nous ne les aurons qu'avec un chef, un roi, c'est-à-dire avec *Henri V,* laissant à sa mort le trône au comte de Paris et à sa descendance.

La République est-elle le gouvernement le plus moral ?

Les journaux républicains de toute nuance ont fait grand bruit des immoralités et des turpitudes de l'empire ; ils ont déversé à hauts cris leur indignation sur les amours de Napoléon III et de Marguerite Bellanger.

Réellement, sous le rapport des mœurs comme sous tous les autres, le règne de Napoléon III a été un bien triste règne ; on a vu s'étaler partout la débauche la plus éhontée, et une corruption dégradante se glisser dans toutes les classes de la société.

Mais est-ce bien *aux républicains,* qui ne valent pas mieux, qu'il convient de faire un semblable tapage, et ces messieurs ont-ils le droit de se poser en champions si résolus de l'austérité et de la morale ?

A les entendre, on dirait qu'ils sont tous des Catons et des sages. Singuliers Catons, et qui ont fait preuve d'une moralité exemplaire dans les différentes époques où ils ont tenu le pouvoir entre leurs mains.

Le 11 novembre 1793, la Convention, qui ne voulait plus ni religion, ni prêtres, établit le culte de la *déesse Raison.* Or savez-vous comment se pratiquait ce fameux culte?... Je ne veux pas vous en donner tous les détails ; je rougirais de les écrire et vous rougiriez de les entendre. Mais je veux cependant vous en dire quelques mots.

On cherchait dans quelque bouge infect
une infâme prostituée, on l'habillait en
déesse, on lui mettait un crucifix sous les
pieds et vous comprenez sans peine quel
culte on pouvait lui rendre. C'est ainsi qu'à
Paris la danseuse *Maillard* en remplit la première le rôle ; Chaumette la mena à la Convention, où, sous prétexte de culte, le président et les secrétaires n'eurent pas honte de
se salir en couvrant de baisers cette odieuse
créature... On fit pis encore, car l'Assemblée
fut le théâtre d'une orgie sans nom, où légis-
lateurs, courtisanes, clubistes, se livrèrent
à une danse échevelée aux cris du *Çà ira*
et de la *Carmagnole*.

De là on la conduisit à Notre-Dame, à la
cathédrale ; on la plaça sur le grand autel,
toujours avec un crucifix sous les pieds, et
pendant que les sans-culottes austères l'a-
doraient avec empressement, les chapelles
latérales, tendues de tapisseries et remplies
de courtisanes, étaient le théâtre des scènes
les plus dégoûtantes.

A l'église Saint-André-des-Arts, ce fut la
femme *Momoro* qui joua ce rôle infâme ; elle
y parut à peu près toute nue. Les sans-culottes répandus dans les bancs de l'église
chantèrent à gorge déployée : *Marlborough
est mort* et *la Carmagnole,* puis la cérémonie
se termina par une orgie immonde, où l'on
but dans les calices et dans les ciboires.
(*Moniteur.*)

Et ce *culte* a toujours paru si beau à nos

rigides républicains qu'on vit en 1848 repa-
raître à Paris quelques *déesses Raisons*, qui
parcoururent, portées en triomphe, les rues
de la Harpe et des Mathurins-Saint-Jacques;
il leur a toujours paru si beau qu'ils ont
recommencé en 1871 à exhiber leurs *Ma-
riannes*, à faire des églises, transformées en
clubs, le théâtre de leurs débordements et
de leurs scandales, et qu'on a vu, chose affreuse à raconter, des créatures n'ayant de
femmes que le nom, dans un état complet de
nudité, s'étaler en pleine place publique,
dans des voitures découvertes, aux côtés des
Catons de la Commune, et présider ainsi à
des processions sacriléges sous les yeux des
honnêtes gens terrifiés...

Dès le 30 août 1792 l'Assemblée avait voté
la loi du divorce et quelques années plus
tard Portalis, en exposant les motifs du Code
civil, disait: *que l'ancien usage, qui autorisait
un citoyen romain à prêter sa femme à un
autre pour en avoir des enfants de meilleure
espèce, était une loi politique.*

Vous allez voir, chers ruraux, qu'un beau
jour les *frères et amis* vont vous demander
à emprunter vos femmes, sous prétexte qu'ils
sont plus instruits que vous et qu'ils amé-
lioreront la race!

Ah! la belle et bonne loi que la loi du divorce! Et cependant, le 6 avril 1848, les républicains, à peine arrivés au pouvoir, s'em-
pressent d'en demander le rétablissement.

Le 4 juin 1793, la Convention, conséquente

avec elle-même, réhabilite la bâtardise, et met les bâtards au même rang que les enfants légitimes.

Le 28 juin de la même année, elle encourage les filles non mariées à avoir des enfants par certains avantages qu'elle leur confère ; elle leur vote même une gratification de *cinquante livres*.

Quelques jours après, au mois de juillet, elle décide qu'elle ira en corps et tout entière aux obsèques solennelles de Marat, ce cynique gredin, dont une maladie honteuse, fruit de son libertinage, remplissait le corps d'ulcères.

Dans son discours, le président de l'Assemblée l'appelle un *saint*, et le président des Jacobins le met au-dessus du *Christ*.

Dès le 8 mai 1791 on avait mis au Panthéon Voltaire, ce sale personnage, qui a écrit des ordures abominables sur Jeanne d'Arc, la noble héroïne de la France, et qui, depuis le collége à la décrépitude, a mené une vie immonde avec Mme du Châtelet et tant d'autres. (Voyez les ouvrages de Lepan, Maynard, Nicolardet, sur Voltaire et sa propre correspondance.)

Le 24 septembre, on y met Rousseau, cet homme vertueux, qui vécut avec Mme de Warren, sa mère adoptive, et qui eut tant de bâtards que je ne m'en rappelle pas le nombre. C'était un si brave homme que, dès son enfance, il pillait la fruiterie d'un graveur dont il était l'apprenti, qu'il volait les asperges dans les jardins pour les vendre, qu'il volait un ruban d'argent et accusait une malheureuse domestique, que l'on chassait, qu'il volait de l'argent, qu'il volait à Lyon le vin d'Arbois de M. de Mably, etc. Tout cela est écrit dans ses *Confessions*, et il s'en vante.

Eh bien! la Convention met ce personnage au Panthéon. et bien plus. pour comble de moralité, on donne, sur la proposition de Barrère et d'Aymard, une pension de 1,200 livres à Thérèse Levasseur, sa concubine, que ces messieurs appellent *sa femme*.

En 1794, les femmes, Mme Tallien en tête, s'habillent à la romaine, et se promènent par les rues avec des robes fendues sur le côté jusqu'au-dessus du genou, laissant la jambe, les bras, la gorge tout nus.

Le 16 novembre 1794, le conventionnel Baraillon demande à l'Assemblée, qui approuve, qu'on n'enseigne aux petites filles dans les écoles primaires que ceci: *Des règles de médecine sur la menstruation, la grossesse, les couches, l'allaitement.* (*Moniteur.*)

L'an III. le républicain Labène, membre de l'Institut, demande que l'on établisse des bassins publics où l'on fera s'exercer pêle-mêle à la natation les petits garçons et les petites filles *sans distinction de sexe ni de costume.*

Saint-Just, lui, déclare *que l'homme et la femme qui s'aiment sont époux*; peu importe que le curé et le maire y aient passé.

Le proconsul Schneider, prêtre apostat, parcourt le Bas-Rhin en réquisitionnant les femmes et les jeunes filles qui lui plaisent ; puis il se marie civilement et entre scandaleusement à Strasbourg avec sa nouvelle concubine, le 13 décembre 1793, dans une voiture à six chevaux.

Carrier se livre, à Nantes, à des actes qu'on ne peut décemment reproduire ; il fait mourir jusqu'à trois femmes par sa lubricité.

Avant d'être guillotiné, Danton disait : *Allons ! j'ai bien vécu, bien ribotté, bien caressé des filles ; allons dormir.*

Collot d'Herbois, lui, ne désenivrait pas ; on l'appelait par dérision *le sobre* Collot.

Héraut de Seychelles vivait par dessous main avec la jeune épouse de Camille Desmoulins. A Arras, Lebon se livrait à toutes les turpitudes ; au Palais-Royal, Philippe-Egalité se vautrait dans les orgies avec Mme de Buffon.

Robespierre vivait conjugalement avec la fille du menuisier Duplay ; il donnait à cette créature, ainsi qu'à Couthon, Saint-Just, Taschereau et d'autres prostituées, des soupers fins à Maisons, près d'Alfort, où ils se saoûlaient tous ignominieusement et se mettaient nus comme des vers. (*Etudes révolutionnaires*, t. II, p. 217.)

Barrère, Dupin, Vouland, Vadier en faisaient autant à Clichy avec des filles d'Opéra, la Démahis, la Bonnefoy, la Vestris...

Pendant que l'austérité républicaine mettait la France à la mendicité par la réquisition et le pillage, Danton et Fabre d'Eglantine se payaient de petits dîners à 100 écus
(300 fr.) par tête, où ils laissaient chaque
fois leur raison au fond des verres et des
bouteilles.

Tallien, à Bordeaux, se plongeait dans le
libertinage avec une Espagnole ; Billaud-
Varennes et le fils Duplay, frère de la maîtresse de Robespierre, avaient une citoyenne
pour eux deux... *Le 8 thermidor*, avant la
chute de Robespierre, on fit chez Barras une
orgie effroyable.

Dans les prisons de Paris, geôliers, admi-
nistrateurs, inspecteurs, ivres le plus sou-
vent, abusaient de toutes les femmes qui
leur plaisaient. (*Mémoires du républicain
Riouffe.*)

Un fameux républicain, Mably, dans ses
Principes de morale, excuse l'adultère public... Un autre, Condorcet, permet de vivre
avec des filles dans les pays chauds, non
pas dans les pays froids... Helvétius préco-
nise les courtisanes, et regrette le temps où
*ces belles et jeunes Lacédémoniennes s'avan-
çaient, demi-nues, pour danser devant le
peuple* (de l'Esprit).

Dans le *Code de la nature* on propose de
mettre les femmes en commun, pour qu'il
n'y ait plus de maris trompés.

Et tout cela est l'œuvre des républicains,
de ces républicains de tous les temps, qui se

prétendent les plus austères des hommes...

Qui ne se souvient de la joyeuse vie que menaient à Paris les communards de 1871, avec leurs maîtresses et leurs prostituées de tous étages? Qui ne se souvient des orgies de Protot, de Ferré, de Raoul Rigault avec les figurantes des Délassements comiques?... Est-ce que presque tous les chefs de la commune ne vivaient pas conjugalement avec des filles, pour lesquelles ils écumaient la capitale et chez lesquelles ils ont presque tous été arrêtés?

Et puis voici qui est odieux : la Révolution amène comme idéal de l'art dans la peinture et dans la sculpture la représentation des nudités les plus révoltantes. Elle emploie pour cela des milliers de malheureuses, qui posent en vendant leur pudeur pour de l'argent... Et tout cela s'étale sur la gravure, sur les tableaux, sur le bois, sur le bronze, sur le marbre, dans les rues, les maisons, les places et les promenades, sous les yeux de la jeunesse et des bons parents républicains, qui disent en souriant :

C'est un objet d'art.

O républicains! quels gens moraux vous me faites, et comme il vous sied bien de morigéner autrui!...

Et tenez : écoutez un des vôtres, un de ces républicains qui se disent honnêtes, qui le sont peut-être, mais dont les utopies et les sophismes cessent d'être un enfantillage,

pour devenir un acte des plus répréhen-
sibles quand ils les maintiennent après un
jugement semblable à celui-ci :

« Une impression, dit cet enfant terrible,
» me frappe et m'attriste, c'est de songer
» en quelles mains cette grande cause de la
» démocratie est tombée. Il faut bien l'a-
» vouer, *à part quelques rares exceptions*,
» ce sont les pires gens qui sont républi-
» cains. Allez dans les repaires du vice,
» allez dans les cachots, dans les bagnes ;
» interrogez sur leurs opinions les hôtes de
» ces demeures, nul ne se dira monarchiste :
» tous à l'envi se diront républicains. De-
» mandez au contraire à ce père de fa-
» mille laborieux, à ce commerçant honnête,
» à cet agriculteur appliqué, quel est, en
» fait de gouvernement, son principe poli-
» tique ; tous, à peu près tous, affirmeront
» leur foi en la monarchie. Il y a plus :
» qu'un individu tombe, par sa faute, de
» l'opulence dans la misère, cette chute
» change toutes ses idées, et, de royaliste
» qu'il était, le rend républicain. (*Ni présii-*
» *dent, ni roi*, 1871, Paris, chez Sartorius,
» p. 13.)

Comme c'est rassurant !

Et malheureusement c'est trop vrai ; car,
nous nous le rappelons tous, c'est au cri
de : *Vive la République !* que s'accomplis-
saient naguère les monstrueuses horreurs
dont nous avons été témoins et dont Paris a
été la victime.

Et le suicide ? N'est-ce pas la République qui en a fait une vertu ?

Au moyen âge le suicide était presque inconnu. Depuis 1789 il y a eu plus de *trois cent mille suicides* en France.

Et ce sont les gens intelligents du parti républicain qui se suicident de la sorte. Ainsi, pour citer quelques exemples de la première Révolution : Lullier se suicide à Sainte-Pélagie ; la femme Duplay, hôtesse de Robespierre, se pend ; Chabot prend à la Conciergerie du sublimé corrosif ; Cuny, Girardot, Delafarre se poignardent aux Madelonnettes ; Sénèque Lullier s'ouvre les veines au Luxembourg ; Valazé se poignarde en plein tribunal ; Condorcet s'empoisonne à Clamart ; Romme, Duquesnoy, Goujon, Bourbotte, Duroy, Soubrany se tuent avec des ciseaux ; Roland se poignarde près de Rouen ; Clavière en fait autant à la Conciergerie ; Duchâtelet s'empoisonne à la Force avec de l'opium ; Kersaint se perce d'une épée à l'Hôtel-de-Ville ; Robespierre, Lebas, Henriot, Leprêtre se tirent chacun un coup de pistolet ; Hyvert se poignarde en face du bourreau ; Darthé et Gracchus Babœuf se tuent devant leurs juges, etc., etc.

De 1835 à 1851 il y a près de *cinquante mille* suicides.

Et tout augmente dans la même proportion avec l'extension des idées républicaines. En 1805, il y avait 45,000 naissances illégitimes ; en 1848, elles atteignent 70,000.

Si l'on compare la période de 1841 à 1850 avec celle de 1865 à 1869, on verra que le chiffre des bâtards, en Belgique, s'est accru de 9,965 à 11,181, et que cette progression se constate surtout dans les provinces *républicaines éclairées*. Ainsi, augmentation de 365 dans le Brabant, de 569 dans le Hainaut, de 535 à Liége ; diminution au contraire de 265 dans la Flandre, où le sentiment religieux tend à l'emporter. (*Annuaire statistique officiel.*)

En France, de 1830 à 1850, les crimes contre les personnes ont augmenté de 31 pour 100 ; les accusations d'assassinat, de 22 pour 100 ; celles d'infanticide, de 49 pour 100 ; celles de parricide ont presque doublé. Les attentats à la pudeur sur enfants au-dessous de 16 ans ont triplé ; ceux sur adultes se sont accrus de 34 pour 100.

A quoi tout cela a-t-il abouti ? Ah ! vous le savez aussi bien que moi : *Aux horreurs de la Commune de* 1871 *et aux horreurs futures que l'Internationale médite...*

Oui, « pour faire la Révolution française,
» il a fallu renverser la religion, outrager
» la morale, violer toutes les propriétés et
» commettre tous les crimes. Il a fallu em-
» ployer pour cette œuvre infernale un
» tel nombre d'hommes vicieux que jamais
» peut-être autant de vices n'ont agi en-
» semble pour opérer un mal quelconque.
» (De Maistre.) »

Et voilà quels sont les gens qui se prétendent le gouvernement moralisateur par excellence.

Allons donc ! habitants des campagnes, ouvrez donc une bonne fois les yeux, et débarrassez-vous des préjugés que les républicains accumulent depuis quatre-vingts ans devant vous pour vous rendre aveugles.

Vous le voyez, je ne vous fais pas de beaux discours d'avocat ; je ne cherche pas à vous jeter, comme on dit, de la poussière aux yeux. Je vous cite des faits, des dates, des chiffres ; je vous raconte ce qui a eu lieu, ce qui est dans l'histoire, dans le *Moniteur*, ce que tout le monde peut vérifier.

Eh bien ! croyez-moi quand je vous parle. Je vous le dis : un seul homme peut vous sauver de l'Internationale, qui, sous prétexte de République, médite votre ruine ; un seul homme peut sauver la France.

Cet homme, c'est *Henri V*, c'est le *Roi*.

Lui au moins, c'est un homme, c'est un homme moral, et, s'il monte sur le trône, il s'occupera de vous et de vos intérêts, au lieu de songer, comme Napoléon III, à vous piller pour une Marguerite Bellanger, ou, comme les républicains de tous les temps, à vous dévaliser pour engraisser leurs cocottes.

La République est-elle le gouvernement de la liberté?

I.

La République, étant un gouvernement aussi fraternel et moral que je viens de vous le démontrer, ne pouvait pas manquer d'être un gouvernement de liberté : jugez-en par ces quelques échantillons.

Le 14 février 1790, les républicains déclarent qu'ils ne reconnaissent pas les vœux monastiques ; ils suppriment les ordres religieux.

Le 18 juillet de la même année, après avoir chassé les évêques, ils nomment des évêques assermentés, auxquels ils défendent de reconnaître l'autorité du pape.

Le 18 août 1792, ils prohibent les costumes ecclésiastiques.

Le 15 frimaire an VII, Chazal demande, aux applaudissements de l'Assemblée, la peine de la déportation perpétuelle contre tout maître de la jeunesse qui sera convaincu de ne l'avoir pas nourrie dans la haine de la royauté et dans l'amour de la République. (*Moniteur*.)

Le 7 vendémiaire an XIV, on condamne à *dix ans* de galères tout prêtre osant déclarer injuste la spoliation des biens des églises et du clergé.

Le 18 brumaire an II, la Révolution décrète la destitution de tout évêque qui s'op-
poserait au mariage des prêtres ; elle ferme
les églises, abat les croix, fait taire les cloches, défend de chômer le dimanche et de
faire maigre le vendredi.

Le 25 brumaire de la même année, elle
décrète : que tous propriétaires de maisons,
et, à leur défaut, les locataires ou fermiers,
aux frais desdits propriétaires, seront tenus,
dans un mois pour tout délai, sous les peines
portées par la loi, de faire retourner toutes
les plaques des cheminées ou contre-feux
portant des fleurs de lis...

Dans les orgies du culte de la déesse *Raison*, on plaçait sur l'autel un buste de Marat,
et l'on forçait à fléchir le genou devant lui
ceux que l'on soupçonnait de croire en Dieu.

En 1789, il n'y avait en France qu'une Bastille, renfermant, quand le peuple s'en em-
para, *sept détenus ;* quatre ans plus tard la
France était dotée par la République, régime
de liberté, de *quarante-huit mille sept cent
quatre-vingt-quatre* bastilles, où gémissaient
deux cent mille prisonniers politiques. Paris
lui seul, en 1794, comptait *trente-six* maisons d'arrêt remplies de plus de *dix mille*
prisonniers, et outre ces prisons principales,
il y en avait encore *quatre-vingt-seize* autres
moins spacieuses. (*Révolut. franç.* de Gaume.)

Le 29 décembre 1793, l'officier Nattes demandait que les enfants fussent mis dès l'âge
de six ans en pension sous la griffe des ins-

tituteurs communards, et ne fussent rendus à leurs parents qu'à dix-sept ans. Il poursuivait le même but que les *frères et amis* de nos jours, qui demandent à grands cris l'instruction laïque (c'est-à-dire athée) et obligatoire, afin de faire tranquillement de vos enfants des impies et des *rouges*.

Le 17 décembre de la même année, la Convention décrétait que les parents qui n'enverraient pas leurs enfants dans ses écoles (se pénétrer sans doute des doctrines de Marat) seraient punis d'une amende égale au quart de leurs contributions, et privés pendant dix ans de leurs droits de citoyens.

Voilà comment les révolutionnaires de la première République entendaient la liberté. Certes, en 1789, il y avait des abus : quel est le gouvernement qui n'en comporte pas ? Mais tandis que le malheureux Louis XVI, le meilleur des rois, était parfaitement disposé à les faire disparaître, la République l'envoyait à l'échafaud, et courbait le peuple, abusé par de belles paroles, sous son joug de fer.

Non : jamais le despotisme du roi le plus absolu n'approchera du despotisme des *sept cents* tyrans républicains de la Convention, des triumvirs et du Directoire. Jamais les dîmes et les redevances que le paysan payait au seigneur ne pourront être comparées aux réquisitions, aux emprunts forcés, aux impôts progressifs, au maximum, aux contributions toujours croissantes que, sous le régime républicain, il paya à ce seigneur despote que l'on appelle *l'Etat*.

II.

Et les révolutionnaires de 1830, comment pratiquaient-ils cette liberté qu'ils proclamaient si haut? Comment? Le voici :

On vocifère des cris de mort contre les évèques, les religieux et les prètres. Menacés, les archevèques de Besançon et de Reims sont forcés de prendre la fuite; les évèques de Nancy, de Chartres, de Châlons, de Séez, de Marseille, de Perpignan courent de sérieux dangers.

A Saint-Sauveur, près de Poitiers, le curé est arraché de l'autel pendant la grand'-messe. Celui de Villeneuve est jeté en prison. A Bourbon-Vendée, le vicaire est tué dans son lit; le curé de Matha est assommé à coups de bâton.

Dans un seul diocèse, *quarante* curés, dans un autre, *seize*, sont menacés de mort et chassés de leurs demeures.

A Paris, on expulse les religieuses du Saint-Esprit, du Mont-Valérien, de Saint-Lazare. Les séminaristes sont chassés de Conflans.

Puis c'est l'autorité elle-même qui ferme l'église Saint-Germain-l'Auxerrois et en fait une mairie. C'est l'église Sainte-Geneviève qui est de nouveau convertie en panthéon.

La populace cherche partout l'archevêque, Mgr de Quélen, pour l'égorger. On force son palais, on brise, on déchire, on pille, on incendie tout. Les meubles sont jetés par les fenêtres, les boiseries, les parquets enfoncés, les portes arrachées de leurs gonds, les croisées brisées, les chartes de l'Eglise de Paris déchirées.

Sept meurtres sont commis dans l'archevêché et dans le jardin.

A Saint-Germain, à Sainte-Geneviève, à l'Abbaye-aux-Bois, se commettent les plus monstrueux sacriléges.

A la Ferté-sous-Jouarre, on scie les crucifix en morceaux ; à Beaune, on les brûle ; à Montargis, on les jette à l'eau.

Pas une croix n'est laissée debout à Strasbourg, à Dijon, à Cahors, Nancy, Autun, Narbonne, Saintes, Chartres, etc.

Les séminaristes de Perpignan, de Metz, de Nancy, de Verdun, de Pont-à-Mousson sont chassés et maltraités.

Et partout l'autorité se rend complice de ces monstrueux abus de pouvoir.

Ici un maire enfonce les portes de l'église ; là un autre dicte au curé à quelle heure il dira la messe.

A Berru (Marne), le fils du maire lit au chœur les actes administratifs et empêche le catéchisme d'avoir lieu. A Pouilly (Yonne), la garde nationale fait de l'église un poste et chasse les fidèles des vêpres, etc., etc.

Partout c'est une haine, une rage, un despotisme odieux.

III.

Et en 1848 ? N'est-ce pas toujours la même chose ? Les républicains ne prétendent-ils pas, toujours au nom de la liberté qu'ils oppriment, faire élire les évêques par les prêtres et démocratiser le clergé ?

Si la première Révolution couvre la France de proconsuls despotes, celle de 1848 n'envoie-t-elle pas partout des commissaires aux pouvoirs illimités, dont personne n'a oublié les faits et gestes ?

En 1848, comme en 1830, comme en 1789, les églises catholiques n'ont-elles pas été fermées, spoliées, changées en étables ? les prêtres insultés, proscrits ou massacrés ?

Le maire de Lyon, Suisse d'origine et protestant, n'expulse-t-il pas les Pères capucins ?

Emmanuel Arago, commissaire du Rhône, ne dissout-il pas, de sa pleine autorité, les congrégations religieuses ? Et quand l'archevêque de Lyon proteste, le citoyen Carnot ne refuse-t-il pas de faire droit à cette protestation ?

Dans le département de Vaucluse, le citoyen commissaire Laboissière n'expulse-t-il pas les jésuites d'Avignon le 22 mars ? Et de quelle façon fraternelle : ici on donne aux religieux *une heure* pour sortir de leurs de-

meures, *deux heures* pour sortir de la ville.
Là on défend aux religieuses de travailler,
c'est-à-dire de vivre.

Enfin, pour inaugurer un règne parfait de
liberté, en mai 1848, les clubs républicains
envahissent l'Assemblée nationale et pendant trois heures la tiennent sous les vio-
lences de l'émeute.

IV.

Et en 1870-1871?... Je ne veux pas parler
de l'ex-dictateur Gambetta ni des actes ar-
bitraires de la délégation de Bordeaux. Tout
le monde connaît les abus de pouvoirs de
ces *intrus* et les hauts faits du don Quichotte
républicain Garibaldi.

Je ne veux m'occuper que de l'insurrec-
tion de Paris, dont on connaît moins les
actes de détail.

Le règne de la Commune n'a pas été de
longue durée ; il n'a pu s'exercer que dans
l'enceinte de la capitale. Et cependant que
d'atteintes portées à la liberté par les libres
républicains ?

Voici, par ordre de date, quelques-uns
des exploits de ces partisans zélés de toutes
les libertés possibles.

Dès le 20 ou 21 mars, la presse reçoit un
premier avis d'avoir à prendre garde *de ne
rien dire contre la République, la justice et
le droit.* (Officiel.)

Puis ce sont les fédérés qui envahissent

de force l'imprimerie Dubuisson ; ce sont les généraux Chanzy et Langourian qui sont emprisonnés ; c'est un décret décidant que, jusqu'à nouvel ordre, les propriétaires et les maîtres d'hôtel ne pourront congédier leurs locataires.

Quelques jours s'étaient à peine écoulés, et, sous le régime de la liberté, de l'égalité et de la fraternité républicaine, toute la presse de l'ordre était obligée de cesser sa publication, sous la menace du conseil de guerre et d'être déférée au comité central de la garde nationale. (Officiel.)

On savait ce que cela voulait dire.

Le 24 mars, ce sont des élèves de l'école polytechnique qui sont assaillis par des fédérés sur les hauteurs de Montmartre.

Le 27, c'est le *Journal officiel* qui endosse un article du sieur Vaillant, conseillant de tuer le duc d'Aumale, et se terminant par ces mots : *La société n'a qu'un devoir envers les princes : la mort.*

C'est la garde nationale qui arrête arbitrairement un vieillard de 78 ans, M. Bignon, sous prétexte qu'il a joué, sous Louis XVIII, un rôle dans l'affaire des quatre sergents de la Rochelle.

C'est le *Figaro*, qui avait reparu, que l'on supprime de nouveau au nom de la liberté de la presse ; c'est le *Constitutionnel* que l'on saisit sur la voie publique.

En même temps la Commune, par un décret spécial, faisait purement et simplement *aux frères et amis, locataires de ces gueux de propriétaires*, remise des termes d'octobre 1870, de janvier et d'avril 1871.

Le 1er avril, trois journaux, *le Français*, dont le rédacteur en chef était pourtant le fils de Charles Beslay, membre de la Commune, *l'Ami de la France* et *la France nouvelle* croient devoir suspendre leur publication; *l'Electeur libre* est l'objet d'une saisie; les porteurs du *Paris-Journal* et de *la Cloche* se voient arracher leurs exemplaires.

Le 4, trois journaux : les *Débats*, le *Constitutionnel*, le *Paris-Journal* sont supprimés; l'archevêque de Paris, M. Deguerry, curé de la Madeleine, sont arrêtés et jetés en prison; les maisons des dominicains, des jésuites, des lazaristes sont violées. *La Liberté* est saisie; *le Peuple français* forcé de disparaître.

Puis la Commune, heureuse de ses actes de despotisme brutal, décrète que les biens de MM. Thiers, Favre, Picard, Dufaure, Jules Simon et Pothuau sont saisis et mis sous séquestre; que les biens des congrégations religieuses deviennent propriété nationale.

O fanfarons de liberté!!!

Mais ce n'est pas tout. Bientôt MM. Dalouvert et Gustave Chaudey, rédacteurs du *Siècle*, sont incarcérés; l'hôtel de M. Thiers est pillé de fond en comble et détruit; les frères Pereire, faubourg Saint-Honoré, sont dévalisés; un arrêté défend aux marchands regrattiers de stationner dans les passages et aux abords des Halles ; le curé de Saint-Roch et ses vicaires sont appréhendés au corps ; l'église est fermée et les objets précieux qui s'y trouvent inventoriés au profit de la Commune ; l'abbé Miquel, vicaire de Saint-Philippe, est écroué à la Conciergerie ; on enrôle de force tous les citoyens de 19 à 40 ans ; les bâtiments de l'ambulance de la Presse sont occupés ; on se saisit du matériel ; le couvent des Oiseaux est violé ; des perquisitions sont faites chez tous les membres du gouvernement du 4 septembre ; les églises, les domiciles privés, même les ambassades, sont partout envahis par les gardes nationaux ; des soldats ivres du 218e bataillon pénètrent arbitrairement dans l'hôtel de la légation belge ; l'abbé Orse, vicaire de Plaisance, un vicaire de Saint-Bernard sont arrêtés ; les frères de la Doctrine chrétienne tenant école au Marché-Saint-Martin sont chassés ; l'église de Saint-Bernard, celle de Saint-Ferdinand sont fermées ; MM. Polo, directeur de *l'Eclipse*, Pilotell, son ex-employé, sont emprisonnés et la caisse pillée ; les journaux *le Soir*, *la Cloche*, *l'Opinion nationale*, *le Bien public* sont supprimés ; les sœurs de Saint-Vincent-de-Paul sont expulsées par des gardes du 123e bataillon ; les bâtiments de la Compagnie parisienne du gaz sont envahis par le 208e et les fonds enlevés ; M. Lamontagne, notaire, accusé d'être le notaire du maré-

chal Mac-Mahon, le professeur Le Flem
sont brutalement jetés dans les fers ; les
marchands de vin de Levallois, Clichy,
Saint-Ouen sont forcés de fermer leurs établissements à deux heures ; les journaux *la
Paix, l'Echo du soir, la Nation souveraine,
le Petit Moniteur, le Petit National, le Bon
Sens, la Petite Presse, le Petit Journal, la
France, le Temps* sont supprimés ; l'église
Saint-Michel est transformée en club, et
l'orgue ouvre la première séance par l'air
de la Marseillaise ; cinq prêtres du deuxième
arrondissement sont arrêtés ; dans les églises
Saint-Germain-l'Auxerrois et Saint-Ambroise,
changées en clubs, des mégères éhontées
demandent le divorce et l'arrestation de
tous les prêtres ; une seule, qui a l'audace
de défendre la morale et la religion est
arrêtée et conduite au poste ; les chevaux
sont partout requis de force ; *le Moniteur
universel, l'Observateur, l'Univers, le Spec-
tateur, l'Etoile et l'Anonyme* disparaissent
par ordre de Cournet ; au nom de la liberté
des cultes, on chasse partout les instituteurs
religieux, on fait enlever de toutes leurs
écoles les crucifix, madones et autres sym-
boles. (Officiel.) *Le Siècle, la Discussion, le
National, le Corsaire, le Journal de Paris*
sont frappés à leur tour au nom de la liberté de la presse ; le célèbre maître
d'armes Pons, le prote et le concierge de
l'imprimerie Dubuisson sont arrêtés ; les
journaux *la Commune, l'Echo de Paris,*

l'Indépendance française, le Pirate, la Patrie, le Républicain, l'Avenir national, la Revue des Deux-Mondes, l'Echo de Ultramar, la Justice sont supprimés (ils y passeront tous) ; les sœurs, anges de dévouement, sont chassées de l'hôpital Beaujon ; enfin, comble d'horreur et d'abomination, *les frères citoyens libres* mettent le feu dans Paris ; aux tricoteuses de 1793 ils opposent les pétroleuses de 1871, et pour couronner leur œuvre infernale par le plus exécrable forfait, ils assassinent Mgr Darboy, M. Deguerry, Mgr Surat, le président Bonjean, six Pères jésuites, cinq prêtres, deux séminaristes, des gendarmes, des soldats, des sergents de ville : en tout *soixante-quatre* victimes. *Cent soixante-neuf* autres, qui allaient avoir le même sort, sont délivrées à temps par la troupe.

Liberté, Egalité, Fraternité !!!

On n'en finirait pas si l'on voulait raconter tous les actes de brutalité que, dans tous les temps, les républicains ont accompli à l'ombre de cette devise, dont ils couvrent les murs de nos édifices publics. Eux, qui vous représentent sans cesse la monarchie comme l'idéal de la tyrannie, n'ont jamais été que les agents du despotisme le plus affreux.

Tandis que Louis XVIII, à la Restauration, rendait en peu de temps la paix à la France et donnait la liberté à son peuple, les *répu-*

blicains, qui, en proclamant la liberté, ont fait éprouver ou craindre la captivité à plus de *deux cent mille* personnes, méditaient de le renverser et de nous asservir une seconde fois. Ils ont réussi, et vous connaissez quelles sont les libertés qu'ils nous ont données en 1830, en 1848, en 1870. La ruine, les massacres, les banqueroutes, les coups d'Etat et la honte nationale, la porte ouverte à toutes les ambitions, aux Napoléon et aux Gambetta; voilà quelques-unes de leurs œuvres.

Ils vous appartient donc, habitants des campagnes, de voir s'il vous convient d'être courbés sans cesse sous la domination et sous le joug de fer de ces effrontés menteurs, ou si vous aimez mieux, sous le règne d'*Henri V*, l'homme de la liberté véritable, voir renaître cette ère de gloire, de bonheur et de prospérité, qui, pendant si longtemps, fut l'apanage de la France...

Et maintenant, mes chers concitoyens, quelques dernières réflexions.

Vous êtes comme moi, n'est-il pas vrai: vous désirez la revanche; vous voulez reprendre l'Alsace et la Lorraine, vous voulez vous venger de l'arrogance et de l'orgueil d'un ennemi sans générosité, qui vous a opprimés et abuse de la victoire.

Eh bien! si vous voulez tout cela, vous n'avez pas le choix; vous ne pouvez y arriver qu'en mettant Henri V sur le trône.

Si vous proclamez la République, vous

n'aurez pas d'alliés ; vous avez vu avec quel dédain l'Europe a laissé faire les Jules Favre et les Gambetta, sans daigner nous tendre la main. C'est clair : les rois de l'Europe ne veulent pas aider une République, qui cherche à tout bouleverser et à les renverser de leurs trônes. Vous allez donc essayer de prendre tout seuls la revanche, et pour cela nous allons ruiner notre commerce, empêcher les mariages, entraver l'agriculture en nous faisant tous soldats de 18 à 40 ans.

Et quand nous aurons fait tout cela, serons-nous sûrs du succès ?

Nous aurons toujours en face de nous une nation préparée depuis soixante ans, qui va avoir nos milliards, qui a tout notre matériel, nos canons, nos chassepots, qui a ruiné nos places fortes, et qui, avec notre argent, va augmenter les siennes et refondre de nouveaux canons.

Et si nous sommes vainqueurs, ce que, avec la bravoure française, on peut toujours espérer, au prix de quels sacrifices ne sera-ce pas ?

Mais avec Henri V comme tout change à l'instant.

La Russie, qui était notre alliée en 1830, quand on a si sottement et si illégalement chassé Charles X, redevient de suite notre amie ; l'Autriche vient à nous, et les tentatives de rapprochements tentées par la

Prusse avec cette puissance, et que la République seule facilite, tombent d'elles-mêmes; le Danemark, la Suède, la Hollande se jettent dans nos bras. Et croyez-vous qu'avec toutes ces alliances il nous faudrait plus de *deux cent mille* soldats pour reprendre ce que nous avons perdu ?

Il ne nous en faudrait peut-être pas un seul, et, en tout cas, vous ne seriez pas dans la nécessité d'envoyer mourir sur les champs de bataille *tous* les enfants dont vous avez un si pressant besoin pour labourer vos terres et cultiver vos vignes.

Songez-y, la chose en vaut la peine.

Songez que nos vieux rois nous ont successivement conquis toutes nos provinces par leur sage politique, et que ce sont les républicains, ou les Napoléons, produits par eux, qui nous les ont fait perdre.

Songez que saint Louis nous a donné le Languedoc et le Poitou; Philippe-le-Bel, la Champagne et le Lyonnais; Philippe de Valois, le Dauphiné; Charles V, le Limousin et la Saintonge; Charles VII, la Guyenne; Louis XI, la Provence, la Bourgogne et la Gascogne; Charles VIII, la Bretagne; François Ier, le Bourbonnais, la Marche et l'Auvergne; Henri II, Metz, Toul et Verdun; Henri IV, la Navarre et le Béarn; Louis XIV, l'Alsace, le Roussillon, l'Artois, la Franche-Comté, le Luxembourg, la Flandre, le Brabant, le Hainaut; Louis XV, la Lorraine.

Songez que, pendant quatorze siècles, nos vieux rois n'ont eu qu'un but, la gloire et la grandeur de la France, et que, ce but, ils l'ont toujours et complètement atteint, tandis que les Napoléons et les républicains nous ont toujours laissés avilis et amoindris.

Songez qu'après les désastres de Napoléon Ier, après la première humiliation de la France, Louis XVIII et Charles X sont revenus, nous apportant la paix et la liberté, diminuant les impôts, payant les indemnités de guerre, relevant le commerce, garantissant l'intégrité de nos frontières, conquérant l'Algérie, et nous ménageant une revanche prochaine de nos désastres quand la révolution de 1830 est venue de nouveau tout bouleverser.

Songez que si Henri V avait été placé sur le trône après Sedan, nous aurions encore l'Alsace et la Lorraine (car il résulte implicitement des communications du prince Gortschakoff au général Fleury que la Russie serait intervenue), et que les hommes du 4 septembre, en se mettant au pouvoir par un coup d'État, sans consulter la nation, se sont rendus complices et solidaires des criminelles folies de Napoléon III, qu'ils avaient du reste encouragées et applaudies à leur point de départ : la campagne d'Italie.

Songez que l'empire a creusé l'abîme, et que la République l'a rendu plus profond encore et l'a transformé en un gouffre in-

ondable, au fond duquel grouillent les pas-
ions abjectes des internationaux.

Songez à tout cela, habitants des cam-
agnes.

Depuis de longues années les républicains
e l'Internationale vous racontent toute es-
èce de mensonge sur de prétendus droits
u seigneur, des dîmes et des corvées ima-
inaires.

Ils cherchent à vous éloigner d'Henri V,
ui les gêne, et qui les gêne d'autant plus
ie sa présence chez nous, à la tête de toute
 Maison, serait le gage assuré de la régé-
ération pacifique de la France, et que ces
ommes de crimes et de désordres, qui ne
uvent satisfaire leur insatiable ambition
   rrâce aux ruines de la patrie, verraient
    mer la porte par où ils espèrent passer
ur arriver au pouvoir.

Vous comprenez donc que tout cela gêne
s *frères et amis* dans leurs projets de vols
 de pillages à l'égard des *ruraux*, et qu'ils
udraient bien vous dégoûter de ceux qui
nnent pour vous, afin de vous faire tomber
ns leurs filets quand ils seraient vos
aîtres.

Mais aujourd'hui que je vous ai avertis,
st votre affaire.

Si vous voulez vous laisser duper, piller,
illotiner dans un avenir qui n'est peut-être
s éloigné, soyez républicains; vous ne
derez pas à en voir les conséquences.

Sinon prononcez-vous énergiquement pour Henri V et après lui pour le comte de Paris; que l'expression pacifique de vos désirs et de vos vœux arrive de toutes parts à l'Assemblée souveraine, qui sans doute en tiendra compte lorsqu'elle jugera venu le moment de constituer, et qu'on entende dans les campagnes ce cri qui ramènera le commerce et la prospérité :

VIVE LE ROI!!!

Le salut de la France, votre salut à tous ne sont qu'à ce prix.

sur

BESANÇON, IMP. J. BONVALOT.